엮은이 카렌 포스터
유럽에서 22년 동안 편집자, 편집장으로 일하면서
주로 전문 잡지와 도감 들을 만들었어요.
그 밖에 눈에 띄는 참고서와 음악 제품 들을 만들어 냈지요.
여러 나라 말을 할 수 있어서 번역가로도 일했어요.

그린이 레베카 엘리엇, Q2 Media
레베카 엘리엇은 영국의 켄트 주립 대학을 마치자마자
어릴 때부터 꿈꿔 왔던 화가가 되었어요.
지금은 영국과 미국의 이름난 아동 출판사에서
그림책이나 참고서에 예쁘고 즐거운 그림을 그리고 있어요.
Q2 Media는 어린이들이 보는 참고서에 그림을 그리는 모임이지요.

옮긴이 강미라
서울에서 태어나 이화여자대학교 영문과를 졸업했어요.
여러 해 동안 어린이 책 출판사에서 편집자로 일했고,
다른 나라 책을 우리말로 옮기는 일을 하고 있어요.
우리말로 옮긴 책은 《어린이 세계 지도책》《정글의 동물》
《오리 탈출 소동》《엘리자베스 1세》《다섯 살은 괴로워》 들이 있어요.

꼬마 탐험가가 보는 지도책 07
오세아니아

카렌 포스터 엮음 | 강미라 옮김
초판 1쇄 발행 2009년 11월 16일

펴낸이 | 양원석
편집장 | 최주영
책임편집 | 김지은
디자인 | 바오밥 나무
마케팅 | 정도준, 김성룡, 백준, 나길훈, 임충진, 주상우
제작 | 허한무, 문태일, 김수진

펴낸곳 | 랜덤하우스코리아(주)
주소 | 서울시 강남구 삼성동 159번지 오크우드호텔 별관 B2(우135-525)
내용 문의 | (02) 3466-8915
구입 문의 | (02) 3466-8955
등록번호 | 제2-3726호(2004년 1월 15일 등록)
홈페이지 주소 | www.jrrandom.co.kr

ISBN 978-89-255-3475-6 74980
ISBN 978-89-255-3462-6 (세트)

값 10,000원

YOUNG ADVENTURER ATLAS : AUSTRALASIA
Copyright ⓒ 2007 by Diverta Ltd
Korean Translation copyright ⓒ 2009 by Random House Korea, Inc.
All rights reserved.
Korean translation rights arranged with Diverta Ltd, London through EYA (Eric Yang Agency), Seoul.

이 책의 한국어판 저작권은 EYA(Eric Yang Agency)를 통해 Diverta Ltd와 독점 계약한 랜덤하우스코리아(주)에 있습니다.
신 저작권법에 의해 한국 내에서 보호를 받는 저작물이므로 무단 전재와 무단 복제를 금합니다.

* 맞춤법과 띄어쓰기는 국립국어원의 기준에 따랐습니다.
* 잘못 만들어진 책은 구입하신 곳에서 교환해 드립니다.
* 주의 : 책 모서리가 날카로워 다칠 수 있으니 사람을 향해 던지거나 떨어뜨리지 마십시오.

 꼬마 탐험가가 보는 지도책 07

오세아니아

카렌 포스터 엮음 | 강미라 옮김

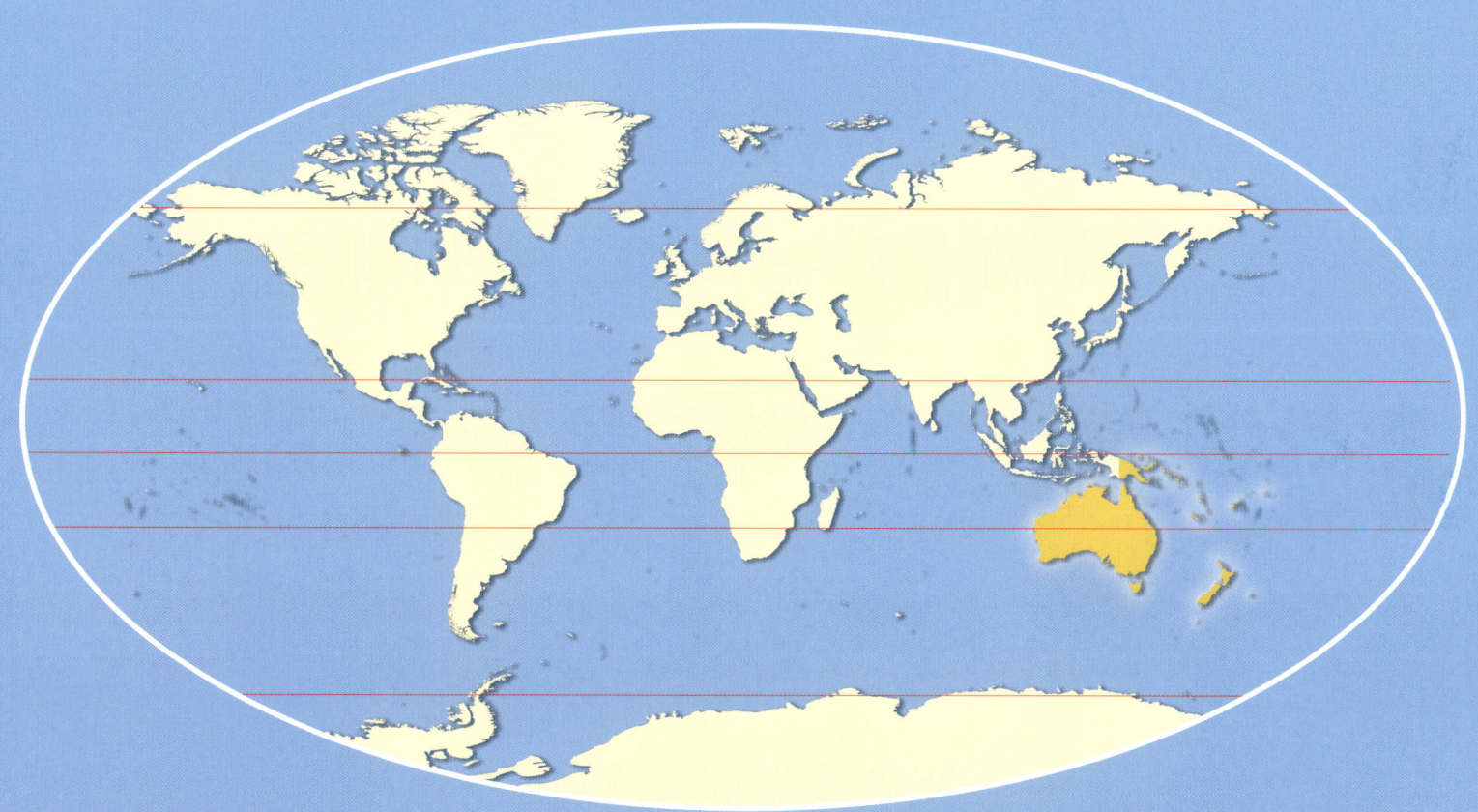

주니어랜덤

차 례

오세아니아에 온 것을 환영해요!	4-5
나라	6-7
오스트레일리아의 지형	8-9
물길	10-11
기후	12-13
식물	14-15
오스트레일리아의 동물	16-17
뉴질랜드의 동물	18-19
민족과 풍습	20-21
가 볼 만한 곳	22-23
산업	24-25
교통	26-27
그레이트배리어리프	28-29
용어 풀이와 찾아보기	30-31
한눈에 보기	32

오세아니아에 온 것을 환영해요!

세계는 크게 일곱 개의 땅덩이로 이루어져 있어요.
유럽, 북아메리카, 남아메리카, 아시아, 아프리카,
오세아니아, 남극으로, 이를 '대륙'이라고 하지요.

북회귀선과 남회귀선은 적도 북쪽과 남쪽에 빙 둘러 그린 상상의 선이에요. 이 두 회귀선 사이에 놓인 곳은 덥고 습하지요.

남극권은 지구 바닥에 빙 둘러 그린 상상의 선이에요. 남극의 끝이 어디인지를 나타내지요.

나침반을 보면 어느 쪽이 동서남북인지 알 수 있어요.

나라

오세아니아는 14개의 나라로 이루어져 있으며, 크게 네 곳으로 나누어져요.
서쪽에 있는 오스트레일리아는 세계에서 여섯 번째로 큰 나라예요. 여섯 개의 주와 두 개의 특별 자치주가 있어요. 북서쪽의 웨스턴오스트레일리아가 가장 큰 주예요. 뉴질랜드는 두 개의 큰 섬인 북 섬과 남 섬으로 이루어졌어요. 태평양에는 수백 개의 섬이 있어요. 파푸아 뉴기니는 열대에 있는 뉴기니 섬의 동쪽 절반을 차지하고 있어요. 가까이에 있는 수많은 열대 섬은 너무 작아서 지도에서 안 보이지요.

사모아
통가

언어

오스트레일리아와 뉴질랜드에는 세계 여러 나라에서 온 사람들이 살지만 거의 영어를 써요. 오스트레일리아 원주민인 애버리진은 오스트레일리아에서 5만 년 동안 살아왔고, 200개가 넘는 언어를 쓰고 있어요. 하지만 오늘날 많은 언어가 사라지고 있지요. 가장 널리 쓰이는 원주민 언어는 칼라라가우야 어, 마부야그 어와 왈피리 어예요. 뉴질랜드에서 사는 사람들은 거의 유럽에서 왔지만 인구의 10분의 1은 원주민인 마오리 족이에요. 뉴질랜드에서는 영어뿐만 아니라 몸짓이나 손짓으로 하는 말인 수화와 더불어 마오리 어가 쓰이지요. 옛날부터 마오리 어로 불리던 많은 동식물과 장소 이름이 지금도 그대로 쓰여요. 파푸아 뉴기니에는 멜라네시아피진 어와 히로모투 어를 더해 800개가 넘는 언어가 있어요.

소라 나팔을 불고 있는 뉴질랜드의 마오리 족 어린이

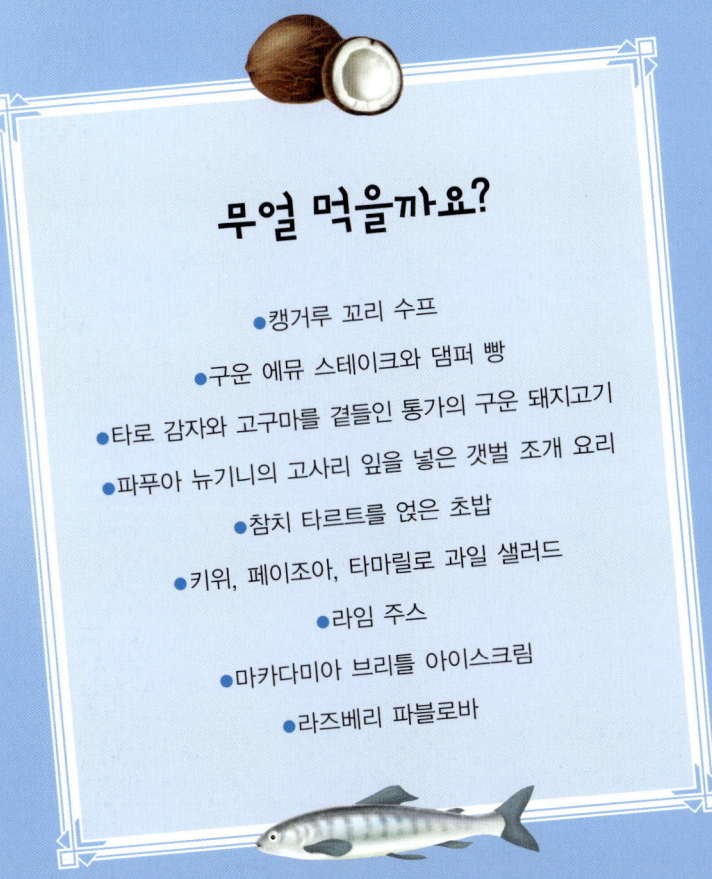

무얼 먹을까요?

- 캥거루 꼬리 수프
- 구운 에뮤 스테이크와 댐퍼 빵
- 타로 감자와 고구마를 곁들인 통가의 구운 돼지고기
- 파푸아 뉴기니의 고사리 잎을 넣은 갯벌 조개 요리
- 참치 타르트를 얹은 초밥
- 키위, 페이조아, 타마릴로 과일 샐러드
- 라임 주스
- 마카다미아 브리틀 아이스크림
- 라즈베리 파블로바

한 오스트레일리아 원주민이 멋있는 무늬가 그려진 속이 빈 나무 트럼펫 디제리두를 불고 있어요.

오스트레일리아의 지형

오스트레일리아는 크게 서쪽 고원, 중앙 저지대, 동쪽 고지대로 나눌 수 있어요.

서쪽 고원은 대륙의 대부분을 차지하며, 아주 오래된 바위들로 이루어져 있어요. 널러버 평원이나 킴벌리 고원이 여기에 있지요. 또 휴화산이 많이 있는데, 그 가운데 갬비어, 네이피어, 운다라 화산이 가장 이름나 있어요. 오스트레일리아에서 가장 높은 산은 코시우스코 산이에요.

중앙 저지대는 거의 판판하지만 가끔 언덕과 능선 들을 볼 수 있어요. 오스트레일리아의 한가운데에 열 개의 아주 크고 메마른 사막이 펼쳐져 이룬 무지무지 크고 거친 들판을 아웃백이라고 해요.

동쪽 고지대에 있는 몇몇 고원은 바람과 비에 깎여서 울퉁불퉁한 언덕이 되었는데, 이 언덕들은 그레이트 디바이딩 산맥에 들어가요.

악마의 구슬들

악마의 구슬이라고 하는 이 커다란 바위들은 노던 준주에 있는 앨리스스프링스로 가는 길 양쪽에 있어요. 오스트레일리아 원주민인 애버리진들은 이것을 '무지개 뱀의 알들'이라고 해요. 이 바위들은 수백만 년 동안 바람에 둥그렇게 깎인 화강암 덩어리예요. 하늘에서 커다란 구슬을 뿌려 놓은 것처럼 바위들이 쌓여 있어요. 해 질 무렵 악마의 구슬들은 타는 듯한 붉은빛으로 빛나지요.

웨이브 록

웨이브 록은 하이든 록의 옆쪽에 있는 물결 모양의 부드러운 바위 벽이에요. 위로 솟아오른 이 커다란 화강암에는 빨간빛, 누런빛, 잿빛, 밤빛 줄무늬 들이 있는데, 이것은 물에 녹아 있는 광물질들이 바위 겉쪽으로 흘러 내려오면서 물들여 놓은 얼룩들이에요.

웨이브 록

에어스 록

에어스 록은 카타추타 국립 공원에 있는 커다란 모래바위예요. 바람과 비를 맞으면서 이런 모양이 되었어요. 원주민인 애버리진들은 이 바위를 '울루루'라고 하며 조상들이 태어난 곳으로 신성하게 여기고 있어요. 바위 안쪽으로는 선사 시대의 벽화가 가득 그려진 동굴들이 있어요.

하루 가운데 어느 때가 되면 바위는 빛깔이 바뀌어요. 파란빛에서 보랏빛으로 바뀌었다가 불타는 빨간빛으로 바뀌지요.

울프 크리크 크레이터는 30만 년 전에 지구에 떨어진 별똥으로 생긴 구덩이예요. 별똥은 땅 위에 커다란 구멍을 만들어 놓았지요.

울프 크리크 크레이터

워럼벙글 산맥은 화산 폭발로 생긴 산맥으로, 오스트레일리아 원주민 말로 휘어진 산들이라는 뜻이에요. 화산 둘레의 부드러운 바위들은 깎여 나가고 단단한 바위들만 남아 있지요.

워럼벙글 산맥

널러버 평원은 2000만 년 전에 바다 밑바닥이었어요. 오늘날 메마른 고원이지요. 오스트레일리아 서쪽에서 남쪽까지 뻗어 있는 세계에서 가장 큰 사암 덩어리로 이루어진 곳이에요.

킴벌리 고원은 오스트레일리아 서쪽에 있으며, 그리 안 높지만 이곳저곳에 험하고 좁은 골짜기가 있는 바위 언덕이에요.

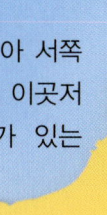
 킴벌리 고원
울프 크리크 크레이터

악마의 구슬들

운다라 화산

그레이트배리어리프

에어스 록

아웃백

그레이트디바이딩 산맥

널러버 평원

웨이브 록

워럼벙글 산맥

블루 산맥

코시우스코 산

갬비어 화산
네이피어 화산

부호
 크레이터
 사막
 산호초
 평원
 고원
화산
 산맥

블루 산맥에는 여러 층의 바위로 이루어진 위가 판판한 수직 절벽들이 있어요. 이 산맥은 푸르스름한 빛으로 보이는데, 산비탈을 덮고 있는 은빛 유칼리나무 숲에서 뿜어 나오는 공기 때문이에요.

블루 산맥

태즈메이니아

그레이트 배리어리프는 세계에서 가장 큰 산호초예요. 이곳은 산호와 작은 섬들의 미로지요.

세계에서 가장 큰 산호초는 무엇인가요? **9**

뉴질랜드의 지형

뉴질랜드는 남태평양에 있는 섬나라예요. 북 섬과 남 섬에 산과 언덕 들이 있어요. 남부 알프스 산맥이 남 섬의 서쪽 해안을 따라 뻗어 있어요. 이 산맥이 축축한 바닷바람을 막아서 서쪽 해안은 가끔 구름으로 둘러싸여 있어요. 그래서 마오리 족은 뉴질랜드를 '아오테아로아'라고 했어요. '길고 하얀 구름의 땅'이라는 뜻이지요.

반딧불이가 있는 동굴

와이토모의 석회 동굴들은 물이 만든 것으로, 물가에 있는 아름다운 작은 동굴로 이름나 있어요. 관광객들은 뗏목을 타고 동굴 속을 지나가면서 희한하게 생긴 바위들을 보고 감탄하지요. 또 천장에는 수백만 마리의 반딧불이가 매달려 있는데, 이들이 빛을 내어 천장이 마치 별들이 반짝이는 밤하늘 같아요.

팬케이크 록스

이름난 팬케이크 록스는 푸나카이키에 있어요. 이 바위들은 비로 깎인 화강암 기둥들인데 모양이 꼭 쌓아 놓은 팬케이크처럼 생겼어요. 밀물일 때 바닷물이 이 바위 구멍들을 통해 물을 뿜듯이 솟구쳐 나오지요.

팬케이크 록스

낮은 산들과 호수들

북 섬의 화산 고원인 로토루아에서는 화산 폭발로 바위가 솟아올라 낮은 산들과 파인 구멍들이 생겼어요. 이 구멍들은 호수가 되었어요. 남 섬의 산맥들 사이에는 수천 년 전에 빙하가 움직이면서 생긴 매켄지 분지처럼 땅이 움푹 들어간 곳들이 있어요.

불의 산맥

뉴질랜드에서 가장 활발히 활동하는 화산은 화이트아일랜드, 나우로호에 산 그리고 루아페후 산이에요. 루아페후 산 꼭대기에는 분화구 호수가 있는데, 화산 속에 있는 뜨거운 바위들이 호수 물을 뜨겁게 데워 놓아요. 이 화산이 폭발할 때 뜨거운 호수 물이 빙하들과 눈 덮인 스키장에 샤워기 물처럼 쏟아지지요.

화산이 폭발하고 있는 루아페후 산

코로만델 반도의 커테드럴 만

코로만델 반도는 화산 폭발로 생긴 언덕들로 지평선이 들쑥날쑥해요. 이 언덕들은 열대 우림으로 뒤덮여 있고, 해안을 따라 금빛 모래가 줄지어 빛나요.

남 섬의 북쪽 끝에 있는 **말보로 해협**은 '바다에 빠져 버린' 것처럼 보이는 계곡들이에요. 이곳에는 바닷물이 가파른 계곡들 사이로 밀려 들어와 있어요.

남 섬의 서쪽 해안은 해안선이 꼬불꼬불해서 피오르 해안의 이름을 따서 **피오르랜드**라고 해요.

남부 알프스 산맥은 젊은 산맥이에요. 이곳은 지각이 위로 올라오며 산맥을 밀어 올려서 해마다 10밀리미터씩 높아지지요.

북 섬의 북쪽 끝에 있는 모래가 많은 긴 반도를 **나인티마일 해변**이라고 해요.

카리카리 곶을 지나면 깎아지른 절벽과 언덕들로 둘러싸여 있는 거칠고 넓은 해변들이 나와요.

남 섬의 **캔터베리 평원**은 태평양에 맞닿아 있어요. 누비이불 같은 들판들은 뉴질랜드에서 가장 넓은 땅이에요. 커다란 강들이 실어다가 쌓아 놓은 자갈층 위에 만들어졌지요.

쿡 산은 오세아니아에서 가장 높아요. 이 산을 아오라키라고도 하는데, 마오리 어로 '구름을 뚫고 나온'이라는 뜻이에요.

쿡 산

부호
- 산맥
- 계곡
- 평원
- 언덕
- 화산
- 동굴
- 피오르
- 고원

뉴질랜드의 남 섬에 있는 '구름을 뚫고 나온'이라는 뜻을 가진 산은 무엇인가요?

11

물길

오스트레일리아는 메마른 땅이지만 물이 많아요. 앨리스스프링스는 샘물과 물웅덩이들이 곳곳에 있는 사막의 오아시스 공원이에요. 이곳에서 사람들은 수영을 하고 수상 스포츠를 즐기지요. 댐으로 막아 놓은 오스트레일리아의 강들은 메마른 곳과 저수지에 파이프를 통해 물을 보내 주어요.

블루 산맥에는 40개가 넘는 반짝이는 **폭포**가 있어요. 이 폭포들은 위핑 록(우는 바위), 루킹 글라스(거울 같은 바위), 실버 런(흐르는 은) 같은 이름을 가지고 있어요.

브라이들 베일(신부의 면사포) 폭포, 블루 산맥

앨리게이터 강들의 이름은 노던 준주의 늪에 사는 바다 악어들한테서 따온 거예요.

오스트레일리아에는 작은 강과 **빌라봉**이 많이 있어요. 빌라봉은 작은 강이 흐르다가 물길을 바꿔서 생긴 물웅덩이예요. 빌라봉이라는 말은 애버리진 어에서 온 것으로 '빌라(billa)'는 '작은 강'이라는 뜻이고, '봉(bong)'은 '죽은'이라는 뜻이에요.

그레이트 레이크스 지역에 있는 에어 호는 짠물 호수예요.

스노이 강에는 댐이 열여섯 개가 있어서 눈이 녹아 흘러내리는 물을 가두어 두지요. 이 강물은 터널을 통해 **머럼비지 강**과 **머리 강**으로 흘러가서 메마른 곳에 물을 공급해 줘요.

키아마 블로홀은 세계에서 가장 커요. '키아마'는 '바다가 큰 소리를 내는 곳'이라는 뜻이에요.

옐로 워터 빌라봉, 카카두 습지

뉴질랜드에는 비가 많이 와서 강도 많아요. 북 섬에서 가장 큰 강은 와이카토 강과 황거누이 강이에요. 남 섬의 강은 남부 알프스 산맥에서 눈이 녹은 물들을 실어 나르지요. 이 강들은 신비스럽고 밝은 푸른빛을 띠는데, 물속에 떠다니는 얼음 섞인 바위 알갱이들이 햇빛에 반사되어 그런 거예요.

타우포 호는 오세아니아에서 가장 큰 호수예요. 담수란 소금기가 없는 물을 가리켜요.

타우포 호의 잔잔하고 푸른 물 밑에는 세계에서 가장 위험한 화산이 있어요. 이 화산은 2만 6000년 동안 폭발하지 않고 있어요.

북 섬의 화산 지역인 **로토루아**는 간헐천과 보글보글 끓는 진흙 연못, 뜨거운 강과 온천 들이 많이 있어요. 이곳에서 나오는 증기는 전기로 바뀌어 둘레 지역에 에너지로 쓰이고 있어요.

로토루아의 이름난 온천인 '샴페인 연못'

와이카토 강
로토루아
타우포 호
황거누이 강

푸나카이키의 **팬케이크 록스**에 있는 석회암 동굴들은 밀물 때 들어오는 바닷물을 **블로홀**이라는 구멍을 통해 공기 중으로 높이 쏘아 올려요.

남부 알프스 산맥의 **폭스 빙하**와 **프란츠 요제프 빙하**에 있는 **얼음 폭포**와 **얼음 터널** 들은 자연이 만들어 놓은 조각품 같아요.

푸나카이키 블로홀
쿡 해협
태평양

폭스 빙하와 프란츠 요제프 빙하

피오르랜드 국립 공원
태즈먼 빙하와 후커 빙하
와이타키 강
테 아나우 호

피오르랜드 국립 공원은 줄지어 늘어선 수많은 폭포로 이름나 있어요. 이 폭포 물은 세상에서 가장 깨끗하다고 해요.

뉴질랜드의 호수들은 거의 남 섬의 남쪽에 있어요. 이곳에서 가장 큰 호수는 **테 아나우 호**예요.

태즈먼 빙하와 **후커 빙하**는 쿡 산을 흘러 내려오고 있지요.

부호

빙하	호수
진흙 연못	블로홀
간헐천	강
얼음 폭포	폭포
빌라봉	물웅덩이
	빙산

뉴질랜드의 북 섬에 있는 어떤 호수가 가장 위험한 화산을 두고 있나요?

기후

오스트레일리아는 햇볕이 쨍쨍한 곳이에요. 북부의 열대 우림과 늪지대는 덥고 습기가 많아요. 남부는 서부에 견주어 비가 좀 더 많이 내리고 시원해서 농사짓기가 좋지요. 뜨겁고 먼지 나는 아웃백의 사막에는 강과 내 들이 빌라봉이라는 물웅덩이만 군데군데 남기고 말라 버렸어요.

뉴질랜드는 따뜻한 남태평양에 자리 잡은 나라지만 보통의 열대 기후와 달리 날씨 변화가 커서 하루에 사계절을 다 느낄 수 있어요. 이런 독특한 기후 덕분에 뉴질랜드는 세계에서 가장 다양한 풍경을 지니고 있어요. 눈 덮인 높은 산맥과 열대 우림 그리고 황금빛 해변이 모두 있지요.

산불

메마른 여름 몇 달 동안 오스트레일리아의 풀숲에는 저절로 산불이 자주 일어나요. 이곳의 식물들은 산불에 잘 견디는 종류가 많고 산불의 도움을 받아 씨앗을 퍼트리고 자라기까지 하지요.

산불은 태양이 너무 강해서 식물이 그을리면서 일어나요.

반대되는 계절

오스트레일리아와 뉴질랜드는 유럽의 반대편에 있는 남반구에 있어요. 유럽은 북반구에 있지요. 이것은 북반구와는 계절이 반대라는 뜻이에요. 12월에 시드니와 오클랜드는 한여름이지만 마드리드는 한겨울이지요.

무시무시한 사이클론

열대 폭풍인 사이클론은 오스트레일리아 북쪽 가까이의 따뜻한 바다 위에서 생겨요. 습기를 머금은 따뜻한 공기가 위로 올라가 찬 공기를 만나 폭풍을 일으키는 구름을 만들지요. 천둥과 번개를 띤 구름들은 나선형으로 빙글빙글 돌면서 차츰차츰 커져 커다란 폭풍이 되어요. 바람은 시속 100킬로미터가 넘게 불어요. 하지만 폭풍은 땅에 이르면 사라져 없어지지요.

열대 폭풍 사이클론이 오스트레일리아의 해안을 세게 치고 있는 모습

오세아니아는 차츰차츰 넓어지고 있는 오존층 구멍 바로 아래에 있어요. 그래서 태양이 아주 강하게 내리쬐요. 사람들은 바닷가에서 해로운 자외선으로부터 피부를 보호하려고 자외선 차단 크림을 바르고 선글라스나 모자를 써요.

태평양의 섬들은 쓰나미 피해를 입기 쉬워요. **쓰나미**는 바닷속의 화산 폭발이나 지진으로 일어나는 커다란 해일이에요.

쓰나미 파도는 너무나 커다래서 섬 전체를 파괴하고 해변을 물에 잠기게 만들어요.

파푸아 뉴기니

계절풍이 오스트레일리아의 북서쪽으로 불면 내륙의 메마른 곳에도 큰 비가 내리고 홍수가 나요. 퍼스의 '프리맨틀 닥터'와 뉴사우스웨일스의 '서더리 버스터'라는 바람은 갑작스럽게 센 바람을 일으키지요.

파푸아 뉴기니는 뜨거운 **열대 기후 지역**이에요.

태평양

남회귀선

● 퍼스

그레이트디바이딩 산맥은 **큰 비**가 내려서 오스트레일리아 동쪽에 물을 공급해 주어요.

뉴사우스웨일스

뉴질랜드 남 섬의 아래쪽은 남극으로부터 오는 **매서운 바람**의 공격을 받아요.

뉴질랜드

부호	
	쓰나미
	사이클론
	햇빛
	비
	눈
	추움
	산불
→	찬 바람

바닷물의 흐름은 기후에 영향을 줘요. 남쪽에서 오는 **엘니뇨 현상**이 오스트레일리아에 매우 심한 **가뭄**을 일으켜요.

남부 알프스 산맥의 옆구리를 휘감고 있는 **빙하**들은 열대 우림 숲 가장자리까지 내려와 있어요. 빙하들이 너무 판판해서 얼음이 끊임없이 녹았다 얼기를 되풀이해요. 그래서 빙하들도 앞뒤로 왔다 갔다를 되풀이하지요.

쓰나미는 대부분 어디에서 일어나고 있나요?

식물

오스트레일리아 서쪽에는 관목과 풀만 자라는 메마른 평원이 있어요. 폭풍우가 지나가고 나면 사막에도 꽃들이 피어요. 열대 기후인 북쪽에는 열대 우림과 맹그로브 나무가 우거진 늪 들이 있어요. 바닷가 가까이에는 수천 송이의 꽃과 여러 종류의 나무가 자라고 있지요.

난과 **코코야자 나무** 들이 파푸아 뉴기니의 열대 우림에서 자라요.

오스트레일리아 북쪽의 늪에는 **맹그로브 숲**이 있어요.

털이 복슬복슬한 **캥거루 발톱**이라는 식물이 수풀 속에서 자라요.

솔트부시는 메마르고 소금기가 있는 땅에서도 자랄 수 있어요.

스터츠 데저트 피 (스터츠 사막 콩)

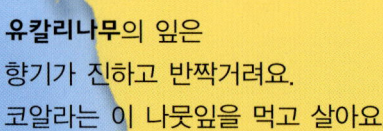

유칼리나무의 잎은 향기가 진하고 반짝거려요. 코알라는 이 나뭇잎을 먹고 살아요.

골든와틀은 아카시아의 일종인데 오스트레일리아의 국화예요. 봄에 밝은 노란빛 꽃이 피지요.

바오바브나무는 병처럼 생긴 짧고 굵은 나무줄기 끝에 뿌리처럼 생긴 나뭇가지들이 나 있어요. 오스트레일리아 원주민들은 이 나무에 구멍을 뚫어서 즙을 마셨고 씨앗 꼬투리 안의 하얀 가루는 음식으로 먹었어요.

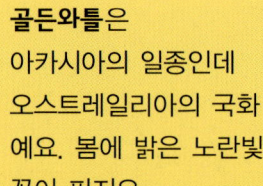

와라타 나무에는 새빨간 꽃이 피어요. 애버리진 어로 '와라타'는 '멀리서도 보이는' 이라는 뜻이지요.

병솔나무는 꽃이 병 속을 닦는 솔처럼 생겨서 붙여진 이름이에요.

키가 크고 날씬한 **펜슬 소나무**는 태즈메이니아의 열대 우림에서만 자라요.

16 코알라는 어떤 나무의 잎을 먹나요?

뉴질랜드에는 자연 그대로 보전된 수많은 원시림이 있어요. 이곳에는 다른 데서 볼 수 없는 커다란 카우리 소나무와 나무고사리, 덩굴 식물 들이 자라지요.

향기가 좋은 **클레마티스**는 덩굴 식물이에요. 숲에서 나뭇잎들이 우거진 나무 꼭대기까지 올라가 거기에서 꽃을 피우지요. 이 꽃은 뉴질랜드 곳곳에서 볼 수 있어요.

하라케케 플랙스 부시는 새들과 박쥐 그리고 곤충들한테 먹이와 보금자리가 되어 주어요. 이 식물의 섬유로 방석이나 바구니를 짜지요.

커다란 **카우리 소나무**는 줄기가 어마어마하게 크고 두꺼우며 나뭇가지들이 나무 꼭대기에서 뻗어 나와 마치 왕관을 쓴 것처럼 보여요. 가장 이름난 나무로는 북 섬의 와이포우아 숲에 있는 타네 마후타와 테 마투아 나헤레예요.

와이포우아 숲에 있는 테 마투아 나헤레

캐비지 나무는 늪지대에서 자라요. 가지에는 풀잎처럼 생긴 잎들이 한가득 나 있어요. 초기에 이곳에 온 유럽 사람들은 양배추 대신 이 잎을 먹었어요. 마오리 족은 카우루라고 하는 이 나무의 달콤한 뿌리를 먹었지요.

웨키 나무고사리의 잎은 털이 많고 우산처럼 퍼진 모양으로 길어요.

코투쿠투쿠 트리 푸크시아는 푸크시아 중에서도 가장 큰 편이에요. 키가 15미터까지 자라지요. 꽃 속의 꿀물이 다 없어지면 꽃이 초록빛에서 빨간빛으로 바뀌지요.

포후투카와 불꽃 나무는 바닷가에서 잘 자라요. 포후투카와는 마오리 어로 '물보라로 적신'이라는 뜻이에요. 이 나무는 나뭇잎들이 반짝거리며 여름에 별처럼 생긴 빨간 꽃들이 피지요.

불꽃 나무는 천 년을 살 수 있어요.

부호: 맹그로브, 솔트부시, 코코야자, 난, 소나무, 바오바브나무, 유칼리나무, 골든와틀, 캐비지 나무, 클레마티스, 불꽃 나무, 푸크시아, 하라케케, 카우리 소나무, 나무고사리

17

오스트레일리아의 동물

오스트레일리아는 섬이라서 다른 대륙에서는 볼 수 없는 특이한 동물이 많이 살아요. 캥거루, 코알라, 주머니쥐 같은 동물들은 유대류라서 새끼들을 자기 배에 있는 털이 복슬복슬한 주머니에 넣고 다녀요. 이곳에는 독이 있는 동물도 많이 있지요.

깡충깡충 뛰어다니는 캥거루

아기 캥거루는 '조이'라고 하는데, 태어났을 때 몸이 새끼손가락 한 마디 길이밖에 안 돼요. 조금 자라면 새끼주머니 밖으로 머리를 쏙 내밀고 세상을 구경하지요. 주머니 밖으로 나와서 풀을 조금씩 뜯어 먹고 깡충 뛰어다니다 다시 새끼주머니로 쏙 들어가요. 다음 해 엄마가 동생을 낳으면 아기 캥거루는 주머니 밖으로 나와야 하지요.

새끼주머니 속에 있는 아기 캥거루 조이

알을 낳는 포유류

단공류는 알을 낳는 포유류예요. 주둥이가 오리처럼 생긴 오리너구리는 땅에서도 살고 물에서도 살 수 있는데, 껍데기가 가죽 같은 알들을 강가에 낳지요. 가시두더지는 껍데기가 말랑말랑한 알을 한번에 하나씩 낳아요.

오리너구리

가시두더지

귀여운 코알라

코알라는 복슬복슬한 잿빛 얼굴에 까만 눈에 까만 코가 있어요. 코알라는 이슬과 오직 유칼리나무 잎사귀만 먹고 살아요. 코알라는 아주 게으르며, 하루의 대부분을 자면서 보내요. 태어난 지 여섯 달이 되면 아기 코알라는 새끼주머니에서 나와 엄마 등에 업혀 세상을 구경해요. 엄마와 아기들은 부드러운 끽끽 소리와 쯧쯧 혀 차는 소리, 콧소리로 서로 의사소통을 해요.

맛이 쓴 유칼리나무 잎을 먹을 수 있는 동물은 코알라뿐이에요.

딩고는 아웃백에서 살고 있는 누런 모래 빛깔의 들개예요. 몸이 날렵해서 나무 위에도 올라갈 수 있어요.

딩고

파푸아 뉴기니의 열대 숲 속에는 빛깔이 예쁜 **극락조**가 많아요. 수컷은 암컷을 유혹하려고 깃털을 펼쳐 자랑하지요.

오스트레일리아 바다에는 **파란고리문어**가 살고 있어요. 독이 있어서 물리면 사람이 죽을 수 있어요.

플라잉 폭스는 박쥐 종류예요. 오스트레일리아 북동쪽의 열대 우림에 살아요. 발로 나뭇가지를 붙잡고 거꾸로 매달린 채 잠을 자요.

바다 악어는 늪에 숨어 있어요.

색가오리는 산호초 가까이에 살고 있어요. 채찍처럼 생긴 꼬리에는 가시들이 있는데, 가시에 독이 있어요.

가시두더지는 바늘같이 뾰족한 털에 개미를 잘 잡을 수 있는 길고 가느다란 주둥이를 가지고 있어요.

빨간등거미는 독이 있어요.

에뮤는 날기엔 몸집이 너무 크고 무거운 새예요. 튼튼한 다리로 아주 빨리 달릴 수 있어요.

목도리도마뱀의 목 피부는 주름이 펴지듯 쫙 펴져서 적을 만났을 때 위협적으로 보이지요.

청상아리는 사냥할 때 무척 재빠르며, 물 위로 펄쩍 잘 뛰어올라요.

털이 많은 **웜뱃**은 더위를 피해서 깊고 긴 굴을 파고 굴 속에서 살아요. 웜뱃은 몇 달씩 물을 안 마시고도 살 수 있어요.

쿠카부라는 커다란 사각 모양의 머리에 큰 부리를 가진 새예요. 쿠카부라는 웃음소리가 아주 시끄러워요.

사는 지역
늪 / 숲 / 강 / 도시 / 아웃백

오스트레일리아의 새 에뮤는 무엇이 특별한가요? 19

뉴질랜드의 동물

뉴질랜드는 사람이 살기 전까지는 새들의 천국이었어요. 하지만 날지 못하는 모아 새 등 수 많은 새가 섬으로 이주해 온 사람들이 마구 사냥하는 바람에 완전히 사라졌어요. 또 유럽 사람들이 뉴질랜드에 들어오면서 데리고 온 동물들한테 잡아먹혔어요. 살아남은 키위 같은 새들은 눈에 안 띄게 밤에 활동하게 되었지요.

오클랜드 북쪽에 있는 티리티리 마탕기 섬의 야생 동물 보호 구역에 가면 뉴질랜드의 아주 귀한 새들을 볼 수 있어요. 멸종 위기에서 벗어난 가마우지, 펭귄 같은 바닷새들과 케아(잉꼬 종류), 웨카(뜸부기 류) 같은 숲의 새들이지요.

밤에 활동하는 키위

키위는 잿빛을 띠는 갈빛에 크기는 닭만 해요. 머리카락 같은 몸통의 깃털 속에 아주 작은 날개가 숨어 있지만 날 수는 없어요. 길고 민감한 부리로 땅 위의 곤충이나 벌레, 나무열매를 찾아 먹어요. 키위는 적을 피해 밤에만 밖으로 나와요.

키위는 뉴질랜드를 상징하는 새예요.

알고 있나요?

모아, 키위같이 날개가 불완전하여 날지는 못하고, 다리가 길고 튼튼하며 걷고 달리기를 잘하는 새를 '주금류'라고 해요.

도마뱀을 닮은 투아타라

투아타라는 해안에서 떨어진 섬에서만 살아요. 수백만 년 전에 사라진 파충류 가운데 유일하게 살아남은 도마뱀을 닮은 동물이에요.

투아타라

희귀한 앵무새

카카포는 세계에서 가장 무거운 앵무새로, 60년쯤 살 수 있어요. 못 날지만 나무에 잘 올라가고 날개로 몸의 균형을 잘 잡아요. 옛날에는 뉴질랜드의 숲과 초원에서 많이 볼 수가 있었지만, 사냥으로 대부분 죽고 오늘날에는 조금만 남아 있어요. 카카포는 리무(뉴질랜드의 붉은 소나무)나 카히카테아(뉴질랜드의 하얀 소나무) 같은 나무에 열매가 많이 열릴 때만 새끼를 낳아요. 이 말은 카카포가 해마다 둥지를 안 만든다는 뜻이에요.

카카포 앵무새는 지금 뉴질랜드 정부의 보호를 받으며 천적이 없는 섬에서 살고 있어요.

태평양 섬에 사는 사람들은 **바닷가재**와 **바다거북**, **게**를 잡아서 먹고 살아요.

바닷가재

날치는 태평양의 푸른 바다 위를 스치듯이 날며 헤엄쳐 가요.

날치

고래상어는 지금 살아 있는 물고기 가운데 가장 크지요. 작은 플랑크톤과 물고기들을 잡아 먹으려고 입을 벌린 채 헤엄쳐 다녀요.

게

바다거북

고래상어

주머니쥐는 은빛이 도는 까만 털에 쥐같이 생긴 얼굴, 구슬 같은 작은 눈을 가지고 있어요. 꼬리로 나뭇가지를 감아서 몸의 균형을 잡지요.

키위는 숲에 살아요. 낮에는 굴속에서 잠을 자고 밤에 먹이를 찾으러 나오지요.

케아

주머니쥐는 밤에 먹이를 찾으러 나와요.

이리저리 헤매는 **앨버트로스**는 절벽에다 둥지를 지어요. 이 새는 사는 동안 대부분 탁 트인 바다 위에서 훨훨 날면서 보내지요.

카카포

키위

케아는 산에 사는 앵무새로 시끄러운 소리를 내요. 나무 열매나 잎사귀, 고기를 먹고 살고, 옆 걸음으로 깡충깡충 뛰어서 앞으로 움직여요.

앨버트로스

투아타라

부리가 빨간 **타카헤** 새는 초록빛과 파란빛 깃털을 가지고 있어요. 남 섬의 피오르랜드에 살면서 눈 덮인 풀 줄기를 먹고 살아요.

타카헤

블루 펭귄

주머니쥐

북양가마우지

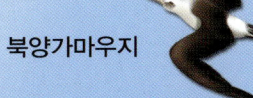

북양가마우지는 해안에서 떨어진 바위 무더기에 알을 낳아요. 바닷속으로 다이빙해 들어가 물고기를 잡지요.

블루 펭귄은 뉴질랜드의 해안이나 섬 둘레에 살고 있어요. 밤에만 해안으로 올라와서 구멍이나 굴을 파고 보금자리를 만들어요.

블루 펭귄

사는 지역

늪

산

숲

아주 오래전에 사라진 파충류 가운데 유일하게 살아남은 동물은 누구인가요?

인구

오세아니아는 인구가 적어요. 오스트레일리아의 인구는 3억 명쯤이나 되는 미국과 견주어 겨우 2000만 명쯤밖에 되지 않아요.

많은 사람이 오스트레일리아의 시드니, 멜버른, 브리즈번, 뉴질랜드의 오클랜드, 웰링턴, 크라이스트처치 같은 대도시에서 살아요. 널따란 오스트레일리아의 가운데 지역과 뉴질랜드의 남 섬에는 사람이 거의 안 살아요.

오스트레일리아에서 가장 큰 도시이자 중요한 항구는 시드니예요. 이 도시는 하버 브리지와 지붕이 조개껍데기를 닮은 오페라 하우스로 이름나 있어요.

태평양 섬에 사는 이 소녀는 레이라고 하는 전통 화환을 쓰고 있어요.

오스트레일리아로 이민

지난 200년 동안 영국, 아일랜드 그리고 유럽 여러 나라 사람이 오스트레일리아로 이민했어요. 그들은 오스트레일리아의 따뜻한 날씨와 아름다운 자연, 새로운 일자리를 얻을 수 있다는 것에 마음이 이끌렸지요.

오세아니아의 이름난 도시

오스트레일리아에서 두 번째로 큰 도시는 **멜버른**이에요. 이곳은 산업과 상업의 중심지예요. 오스트레일리아에서 가장 큰 기업과 여러 나라에서 온 기업이 대부분 이곳에 있어요.

오스트레일리아 스완 강가에 있는 **퍼스**는 세계에서 가장 외떨어진 도시예요. 퍼스는 인구가 많은 다른 도시들과 너무 멀리 떨어져 있지요.

크라이스트처치는 뉴질랜드 남 섬에 있는 '정원 도시'예요. 별명만큼 가로수가 쭉쭉 늘어서 있는 길, 널찍한 공간, 푸르른 공원이 많아요. 옛날 건물과 새 건물이 어우러져 있지요.

하늘과 맞닿은 것처럼 보이는 빌딩이 늘어선 **오클랜드**는 뉴질랜드에서 가장 큰 도시예요. 오클랜드는 항구 도시인 마누카우와 와이테마타 사이에 있는 항구 도시예요.

퍼스의 밤 풍경

오클랜드의 불빛

뉴질랜드의 어떤 도시가 정원 도시로 알려져 있나요?

아웃백의 농부들은 소와 양을 기르는 커다란 목장에서 살아요.

태평양 한가운데 흩어져 있는 열대 섬에 500만 명쯤 되는 사람이 살고 있어요.

오스트레일리아 원주민인 애버리진 어린이들

노던 준주는 오스트레일리아 원주민인 애버리진이 가장 많이 사는 곳이에요. 이곳 톱 엔드 지역에 있는 **아넘랜드**는 1만 8000명쯤의 원주민이 살고 있어요. 몇몇 관광객들만 이곳을 찾지요.

다윈
아넘랜드

메마른 오스트레일리아의 **아웃백**에는 사람이 그다지 살지 않아요. '스테이션'이라고 하는 커다란 소와 양 목장들과 광산 도시 몇 개뿐이지요.

태평양

브리즈번

뉴질랜드 사람들은 거의 날씨가 따뜻한 **북 섬**에서 살아요. 몇몇 사람들만 **남 섬**의 중심부에서 살지요. 남 섬은 야생의 외로운 땅이에요.

퍼스
애들레이드
시드니
캔버라
멜버른
오클랜드
웰링턴
태즈메이니아
호바트
크라이스트처치
스튜어트 섬

부호
- 🔴 500만 명 이상 사는 곳
- 🔴 100~500만 명이 사는 곳
- ⋮ 사람이 많이 사는 곳
- · 사람이 많이 안 사는 곳
- · 사람이 거의 안 사는 곳

오스트레일리아 사람들은 거의 그레이트디바이딩 산맥 동쪽 **해안가 도시**와 **태즈메이니아 섬**에서 살고 있어요. 날씨가 좀 더 시원하고 덜 건조해서예요.

뉴질랜드 인구 4분의 1이 **오클랜드**에 살아요. 이곳은 폴리네시아와 아시아를 포함해 많은 문화가 함께 어우러져 있어요.

스튜어트 섬은 뉴질랜드 남쪽 끝에 있는 섬으로 사람이 가장 적게 살아요. 마을이 달랑 하나밖에 없어요. 자연 탐험가들이 '지구의 끝'을 경험하려고 찾아오지요.

민족과 풍습

아시아에서 온 사람들이 4만 년 전쯤부터 뉴기니와 오스트레일리아에서 살았어요. 마오리 족은 1000년 전쯤에 뉴질랜드에 머물러 살게 되었어요. 마오리 족은 태평양에 있는 섬들인 폴리네시아에서 왔어요. 그들의 언어와 문화는 지금도 유럽 문화와 함께하고 있지요.

전쟁을 위한 춤

싸움에 나가기 전에 마오리 전사들은 하카라고 하는 전쟁 춤을 춰요. 춤을 추면서 혀를 쭉 빼고 무서운 표정을 짓지요. 뉴질랜드의 이름난 올블랙스 럭비 팀은 게임을 하기 전에 전통적으로 이 하카 춤을 추어요. 상대 팀이 겁먹기를 바라면서요.

하카 춤을 추는 마오리 전사들

부족의 전통 의식 때 물감으로 얼굴을 칠한 오스트레일리아 원주민

원주민의 예술 작품

오스트레일리아 원주민인 애버리진은 자기들의 전설과 신앙을 그림으로 나타냈어요. 동굴 속 벽이나 나무껍질, 자기 몸이나 땅에다 동물, 무늬, 삶의 모습 따위를 그렸지요. 때때로 이들은 동물 뼈나, 물고기, 사람 뼈를 그렸는데, 마치 그 모습이 엑스레이로 찍어 놓은 것 같아요. 그림을 그릴 때 전통적으로 빨강, 노랑, 하양 진흙과 숯을 물감으로 썼고 꿀벌의 밀랍이나 바다거북의 알도 물감에 섞어서 크레용처럼 굳혀 썼어요.

그림을 끝마무리하고 있는 애버리진

오스트레일리아 원주민은 어떤 그림을 엑스레이로 찍어 놓은 것처럼 그렸나요?

너무 먼 거리

목장에서 사는 사람들은 가장 가까운 이웃과도 멀리 떨어져 사는 경우가 많아요. 아이들은 학교가 너무 멀어 갈 수 없어서 라디오를 들으며 공부해요. 의사는 비행기를 타고 환자를 찾아가고, 이웃들은 서로 만나려고 아주 먼 거리를 다니는 것에 익숙하지요.

응급 비행기들은 아웃백에서 생긴 많은 응급 환자를 구조해요.

파푸아 뉴기니의 춤꾼

파푸아 뉴기니에서는 노래하고 춤추고 맛있는 음식을 먹는 전통 잔치인 '싱싱'이 열려요. 이곳 사람들은 잔치 때 머리에 모자를 쓰고 몸과 얼굴에 알록달록하게 그림을 그리지요.

파푸아 뉴기니에서 벌어진 잔치의 춤꾼들

뭄바 해상 잔치

뭄바는 오스트레일리아의 가장 큰 지역 잔치예요. 11일 동안 멜버른 시는 알록달록한 빛깔과 흥분으로 가득하지요. 워터쇼와 보트 대회가 야라 강에서 열려요. 또한 재미있는 놀이 기구가 있고, 전시회와 야외 음악회, 운동 경기 대회들이 열려요. 사람들은 차를 예쁘게 꾸미고 백파이프 연주에 맞춰 거리에서 행진을 벌여요.

수상 스키는 신 나는 운동이에요.

모험이 가득한 곳

뉴질랜드는 긴장감 넘치는 운동을 즐길 수 있는 곳이에요. 번지 점프, 스카이다이빙, 스노보드, 급류 타기, 패러글라이딩, 암벽 타기와 산악자전거 타기 따위를 할 수 있어요. 세계의 모험심 많은 관광객들이 뉴질랜드로 몰려들지요.

스노보드는 뉴질랜드에서 인기 있는 운동이에요.

산업

오스트레일리아와 뉴질랜드에는 양이 많고, 우유를 가공하는 곳이 많아요. 이 두 나라는 많은 양의 양모, 버터, 양고기, 쇠고기를 생산해 다른 나라에 팔아요. 오스트레일리아 서부는 어마어마한 양의 철, 우라늄, 알루미늄, 망간 같은 광석이 묻혀 있고, 금과 니켈, 납, 아연도 풍부하게 묻혀 있어요.

파푸아 뉴기니에서는 **코코넛**과 **바나나**가 많이 나요.

세계에서 쓰는 **보크사이트**의 반이 오스트레일리아에서 나와요. 보크사이트를 캐서 부수고 열을 가하면 알루미늄이 되지요.

오스트레일리아에서는 여러 종류의 **과일**과 **견과류, 채소** 들이 길러져요. 사과, 오렌지, 밤, 감자, 당근, 토마토와 망고, 파인애플 같은 열대 과일 따위가 나오지요.

세계에 볼 수 있는 대부분의 **오팔**은 오스트레일리아 산이에요. 어떤 오팔은 빛깔이 없고 어떤 것들은 우윳빛을 띠는 파란빛, 잿빛, 빨간빛, 노란빛, 초록빛, 옅은 밤빛이나 까만빛이에요. 쿠베르 페디 광산은 밝은 빛깔의 오팔이 나오는 곳으로 이름나 있고, 라이트닝 리지 광산은 까만빛 오팔로 이름나 있어요.

오팔

니켈은 오스트레일리아의 서부에서 나는데, 니켈은 스테인리스강과 동전을 만드는 데 쓰이지요.

26 니켈은 무엇을 만드는 데 쓰이나요? 보크사이트로는 무엇을 만드나요?

뉴질랜드는 따뜻하고 축축한 기후 덕분에 일 년 내내 풀이 자라요. 젖소를 키우기에 알맞지요. 뉴질랜드의 **버터**와 **치즈**는 전 세계로 팔려 나가요.

알고 있나요?

뉴질랜드에는 사람보다 양이 더 많아요. 사람 한 명당 양이 20마리가 넘지요.

뉴질랜드에는 300만 마리쯤의 젖소가 있어요.

오스트레일리아와 뉴질랜드는 **과일**과 **와인**의 주요 생산국이에요.

뉴질랜드의 포도밭

전 세계에서 온 **영화** 감독들이 자연이 그대로 보전된 뉴질랜드에서 영화를 찍어요. 이름난 3부작 영화 '반지의 제왕'도 뉴질랜드에서 찍었지요.

양털을 깎고 있는 농부

양을 키우는 농부들은 양털을 피부에 바짝 닿게 짧게 깎아요. 한 해에 오세아니아에서는 사람들이 200만 마리가 넘는 양의 털을 깎아요. 양털을 꼭꼭 눌러서 단단히 묶어 집하장에 보내면 등급이 매겨져 팔려 나가지요.

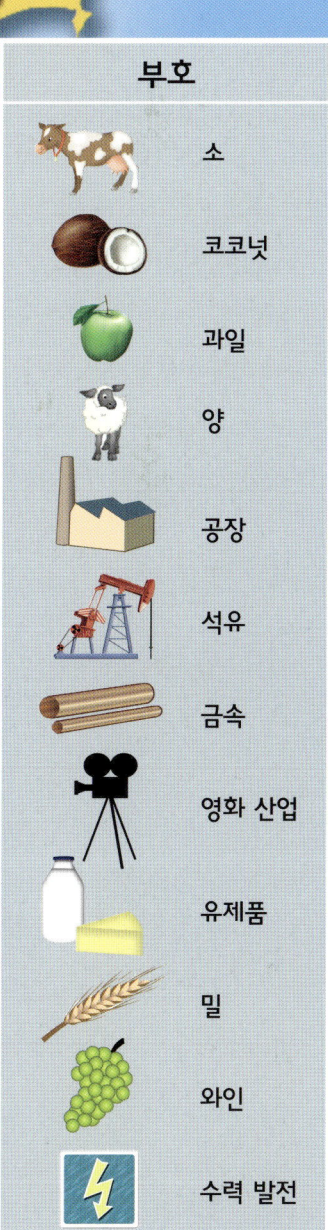

부호

- 소
- 코코넛
- 과일
- 양
- 공장
- 석유
- 금속
- 영화 산업
- 유제품
- 밀
- 와인
- 수력 발전

27

그레이트배리어리프

헬리콥터는 날개를 빙글빙글 돌리며 오스트레일리아 퀸즐랜드 주의 해안 도시 글래드스턴에서 떠올라 바다 쪽으로 날아가요. 헬리콥터에는 그레이트배리어리프로 가는 과학자들이 타고 있어요. 그레이트배리어리프는 세계에서 가장 큰 산호초 지대예요. 조종석에서 보니 태평양의 푸른 파도들이 산호초에 부딪혀 하얀 물보라를 일으키네요. 길게 이어진 이 물보라 선은 산호초 지대의 가장자리가 어디인지를 알려 주지요. 과학자들은 이곳에서 자라는 산호를 연구하려고 온 거예요.

산호들은 분홍, 노랑, 밝은 파랑, 오렌지색이라서 마치 물속이 화려한 정원 같아요. 과학자들은 스노클(잠수용 튜브)과 마스크를 쓰고 산호뿐만 아니라 여기서 사는 수천 종류의 바다 생물을 탐험하려고 터키석같이 푸른 바닷속으로 뛰어들어요. 과학자들은 커다란 해파리를 피하려고 몸을 돌리다가 산호를 먹고 있는 가시면류관불가사리를 발견했어요. 이 불가사리들은 산호초를 먹어 치워서 산호초에게 큰 피해를 주기도 해요. 과학자들은 불가사리의 피해를 줄일 수 있는 방법을 찾고 있어요.

며칠 뒤, 과학자들은 훅 리프로 갔어요. 그곳에서 배를 빌려 덩크 섬까지 타고 갔지요. 덩크 섬에서 과학자들은 산호초 위에 둥지를 짓고 있는 수천 마리의 바닷새를 보았어요.

마침내 배는 해안 도시인 케언스에 다다랐어요. 케언스 앞으로는 산호초 사이로 지나갈 수 있는 중요한 뱃길이 있어요. 이 뱃길 덕분에 케언스가 성장했지요. 이 뱃길이 없었다면 몇몇 뛰어난 어부나 뱃사람만이 얕은 바다를 안전하게 항해할 수 있었을 거예요. 수만 년 동안 끝이 뾰족한 산호는 스스로 자라서 산호 장벽을 이루었어요.

산호초는 어떻게 자랄까요?
산호는 폴립이라고 하는 바다의 아주 작은 수백만 개의 동물로 이루어져 있어요. 폴립들은 죽으면 석회질의 뼈를 남겨요. 이 뼈들이 쌓여서 산호초라는 장벽과 능선들이 만들어진 거예요. 이 폴립들이 차츰차츰 더 쌓이면 산호초는 더 커지지요.

용어 풀이

간헐천 뜨거운 물과 수증기가 뿜어져 나오는 곳이에요. 화산 지대에서 볼 수 있지요. 간헐천은 뜨거운 물과 기체가 땅 밑에서 충분히 쌓일 때마다 이따금씩 솟구쳐서 뿜어 나와요.

강 넓고 길게 흐르는 물줄기예요. 강은 대부분 바다로 흘러 들어가지요.

계곡 산이나 언덕 사이에 있는 낮은 땅이에요.

고원 널따랗고 판판하며 때로는 바위가 있는 높은 벌판이에요.

곶 바다나 호수, 강으로 뽀족하게 튀어나온 땅의 끝 부분이에요.

대륙 지구의 커다란 땅덩이를 일곱 개의 대륙으로 나눌 수 있어요. 유럽, 북아메리카, 남아메리카, 아시아, 아프리카, 오세아니아, 남극이지요.

대양 대륙을 둘러싸고 있는 커다란 소금물이에요. 대양은 지구 표면의 3분의 2를 넘게 차지하지요.

댐 강을 가로질러 물 흐름을 막아 놓은 것이에요.

바다 짠물이 모인 넓은 곳으로 하나로 넓게 이어져 있어요. 바다의 일부나 전부가 땅에 둘러싸여 있을 수도 있지요.

반도 삼면이 바다로 둘러싸인 좁고 긴 땅이에요.

빌라봉 오스트레일리아에서 물이 고여 있는 연못을 가리켜요. 'billa(작은 강)'와 'bong(죽은)'이라는 뜻을 가진 원주민 말에서 왔어요.

빙하 얼음, 돌, 흙이 덩어리를 이루어 강처럼 흐르는 거예요. 눈이 안 녹고 빽빽하게 쌓이면서 빙하가 되지요.

사막 흙이 오랜 세월이 지나면서 모래로 바뀐 아주 메마른 땅이에요.

산호초 산호로 이루어진 바위 같은 구조물이에요. 산호는 작은 바다 동물이에요. 젊은 산호들은 죽은 산호들이 남긴 석회질 뼈 위에 붙어 자라요. 수천만 년 동안 뼈들이 쌓이고 쌓여서 암초를 만들지요.

습지 물이 잘 안 빠져서 축축한 땅을 가리켜요.

열대 우림 키 큰 나무와 식물 들로 우거져 있고, 사철 내내 잎이 푸른 숲이에요. 일 년 내내 매우 덥고 비가 내리지요.

짠물 호수 물에 소금기가 많은 호수예요. 건조한 기후로 물이 증발되면서 소금이 많이 남아 생긴 호수지요.

오존층 대기에 있는 가스층이에요. 이 층은 강력한 태양 광선으로부터 지구를 보호해 주지요.

피오르 복잡한 해안선으로, 빙하가 흘러내리며 깎아 놓은 비탈진 계곡에 바닷물이 밀려 들어 홍수가 날 때 만들어져요.

해협 육지 사이에 끼어 있는 좁고 긴 바다예요. 즉, 물이 가득 차 있는 계곡이에요.

협곡 아주 깊고 가파른 계곡이에요. 강이 빠르게 흐르면서 옆쪽을 깎아 내리면 협곡이 만들어지지요.

화산 산꼭대기에 나 있는 지구 표면의 틈이에요. 화산이 폭발할 때 지구 깊숙한 곳에 있던 용암, 화산재, 뜨거운 가스가 이곳으로 뿜어져 나와요.

찾아보기

ㄱ
가시두더지 18, 19
간헐천 13
갬비어 8, 9
골든와틀 16, 17
그레이트디바이딩 산맥 8, 15, 23
그레이트배리어리프 9, 28
극락조 19
글래드스턴 28, 29
금 26

ㄴ
나인티 마일 해변 11
난 16, 17
날치 21
남부 알프스 산맥 10, 11, 13, 15
남태평양 10, 14
납 26
널러버 평원 8, 9
네이피어 8, 9
노던 준주 8, 12, 23
뉴기니 24
니켈 26

ㄷ
달링 강 12
덩크 섬 29
디제리두 7
딩고 19

ㄹ
로토루아 13
루아페후 산 10
루킹 글라스 폭포 12
리무 20

ㅁ
마누카우 22
마부야그 어 7
마오리 족 7, 10, 17, 24
말보로 해협 11
망간 26
매카이 호 12
매켄지 분지 10, 11
맹그로브 나무 16
머럼비지 강 12
머리 강 12
멜라네시아피진 어 7
모아 새 20

ㅂ
바다 악어 19
바다거북 21, 24
바오바브나무 17
병솔나무 16
보크사이트 26
북양가마우지 20, 21
브라이들 베일 폭포 12
블로홀 12, 13
블루 산맥 9, 12
블루 펭귄 20, 21
빌라봉 12, 14
빨간등거미 19

ㅅ
산호초 9, 19, 28, 29
색가오리 19
샴페인 연못 13
서더리 버스터 15
소 23, 25, 27
솔트부시 16, 17
쇠고기 26
스노우이 강 12
스완 강 22
스터츠 데저트 피 16
스튜어트 섬 23
실버 런 12
쓰나미 15

ㅇ
아가일 호 12
아넘랜드 23
아연 26
아웃백 14, 19, 23, 25
악마의 구슬들 8
알루미늄 26
애버리진 7, 8, 12, 16, 23, 24
앨리스스프링스 8, 12
앨버트로스 21
야라 강 25
양 23, 25, 27
양모 26
에뮤 19
에어 호 12
에이레 호 12
에어스 록 8, 9
엘니뇨 현상 15
옐로 워터 빌라봉 12
오리너구리 18, 19
오아시스 12
오존층 15
와라타 나무 16
와이카토 강 13
와이테마타 22
와이토모 10, 11
와이포우아 숲 17
왈피리 어 7
우라늄 26
운다라 화산 8, 9
울프 크리크 크레이터 9
워럼벙글 산맥 9
웨이브 록 8
위핑 록 12
유대류 18
유칼리나무 9, 17, 18

ㅈ
조이 18
주머니쥐 18

ㅊ
청상아리 19

ㅋ
카리카리 곶 11
카우리 소나무 17
카카두 습지 12
카카포 20, 21
카타추타 국립 공원 8
카히카테아 20
칼라라가우야 어 7
캐비지 나무 17
캔터베리 평원 11
캥거루 16, 18, 19
케아 20, 21
코시우스코 산 8, 9
코알라 16, 18, 19
코코넛 7, 26, 27
쿠카부라 19
퀸즐랜드 28
크레이터 9
클레마티스 17
키아마 블로홀 12
키위 20, 21
킴벌리 고원 8, 9

ㅌ
타우포 호 13
타카헤 21
태즈먼 빙하 13
태즈메이니아 5, 9, 23
테 마투아 나헤레 17
테 아나우 호 13
투아타라 20, 21
티리티리 마탕기 20

ㅍ
파란고리문어 19
파푸아 뉴기니 7, 15, 19, 25, 26
팬케이크 록스 10, 13
포후투카와 불꽃 나무 17
폭스 빙하 13
폴리네시아 23
폴립 29
푸나카이키 10, 11, 13
푸크시아 17
프란츠 요제프 빙하 13
프리맨틀 닥터 15
플라잉 폭스 19
피오르랜드 11, 13, 21

ㅎ
하라케케 플랙스 부시 17
하이든 록 8
하카 춤 24
화이트아일랜드 10
황거누이 강 13
후커 빙하 13
훅 리프 29
히로모투 어 7

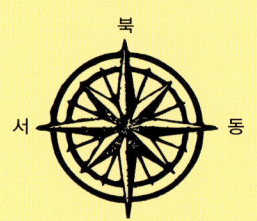 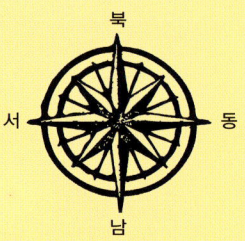

한눈에 보기

대륙
지구에는 대륙이라고 하는 일곱 개의 커다란 땅덩이가 있어요. 오세아니아는 오스트레일리아와 뉴질랜드 그리고 남태평양에 있는 작은 섬나라들로 이루어져 있어요.

나라
오세아니아는 크게 네 곳으로 나누어져요. 서쪽에 있는 오스트레일리아는 커다란 나라이며 가끔 오스트레일리아가 하나의 대륙으로 불리지요. 오스트레일리아 동쪽에 있는 뉴질랜드는 두 개의 큰 섬인 북 섬과 남 섬으로 이루어져 있어요. 파푸아 뉴기니는 열대 지역인 뉴기니 섬의 동쪽 반을 차지하고 있지요. 가까이에 있는 수많은 열대 섬은 너무 작아서 지도에서는 안 보이지요.

지형
오스트레일리아는 아주 다양한 풍경을 보여 줘요. 거친 언덕이 모여 있는 산맥과 이상하게 생긴 바위들, 넓고 판판한 고원과 중앙의 사막 따위가 있어요. 그레이트디바이딩 산맥에 있는 언덕과 산들은 동쪽 해안을 따라 뻗어 있어요. 뉴질랜드는 두 개의 섬으로 된 화산 지대예요. 남부 알프스 산맥이 남 섬의 서쪽 해안을 따라 뻗어 있어요.

물길
오스트레일리아는 메마른 땅이지만 물이 있는 곳도 많아요. 앨리스스프링스는 곳곳에 샘과 물웅덩이 들이 있는 사막의 오아시스 공원이에요. 강에는 댐들이 있어서 물을 가두어 놓고 메마른 곳에 물을 보내 주지요. 뉴질랜드에는 비가 많이 와서 호수와 강 들이 많아요.

기후
오스트레일리아는 햇볕이 쨍쨍한 곳이에요. 북쪽에는 습기가 많은 늪지대와 열대 우림이 있고 서부에는 덥고 메마른 사막들이 있어요. 남부는 좀 더 시원하고 덜 건조하지요. 뉴질랜드의 날씨는 변화가 많아요. 하지만 대부분은 온화해서 너무 춥지도, 너무 덥지도 않아요.

식물
오스트레일리아 서쪽에는 관목과 풀만 자라는 메마른 평원이 많아요. 하지만 폭우가 오면 사막에도 꽃들이 활짝 피지요. 열대 기후인 북쪽에는 빽빽한 열대 우림과 맹그로브 나무들이 있는 늪이 있어요. 해안 가까이로 갈수록 꽃 여러 종류의 꽃과 나무가 있어요. 뉴질랜드는 세계 어느 곳에서도 볼 수 없는 커다란 카우리 소나무와 나무고사리, 덩굴 식물 들이 가득한 때 묻지 않은 원시림이 많아요.

동물
오스트레일리아에는 다른 나라에서는 볼 수 없는 동물이 많이 있어요. 캥거루, 코알라, 주머니쥐 같은 유대류 동물이 있고, 알을 낳는 포유류인 오리너구리와 가시두더지가 있어요. 뉴질랜드에는 특이한 새가 많아요. 못 나는 키위 새와 희귀한 카카포 앵무새 들이 있지요. 파푸아 뉴기니의 열대 우림에는 극락조가 살고 있어요.

인구
오세아니아는 크기가 가장 작고 인구도 가장 적은 대륙이에요.

민족과 풍습
지난 몇 백 년 동안 오세아니아에는 유럽과 아시아에서 온 사람들이 머물러 살았어요. 이들은 원래부터 살고 있던 애버리진, 마오리 족들과 함께 어울려 다른 문화와 전통이 어우러진 활기찬 사회를 만들었어요.

산업
오세아니아에는 양과 소 목장이 많아서 양모, 쇠고기, 낙농 제품을 생산해요. 또한 철, 우라늄, 알루미늄, 망간, 금 같은 귀중한 광물들도 풍부하게 묻혀 있어요.

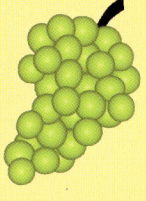

꼬마 탐험가가 보는 지도책 (전 8권)

나라, 지형, 식물, 동물, 인구, 민족과 풍습, 산업 들에 이르기까지 세계의 여덟 곳을 생생한 사진과 눈에 쏙쏙 들어오는 그림으로 탐험해 보아요!

- **1권 유럽**

  작은 대륙이지만, 50여 개 나라가 옹기종기 모여 있는 유럽으로 떠나요!

- **2권 북아메리카**

  여러 문화가 함께 어우러져 있는 북아메리카로 떠나요!

- **3권 남아메리카**

  자연의 순수함을 느낄 수 있는 남아메리카로 떠나요!

- **4권 동북·동남아시아**

  세계에서 가장 많은 사람이 사는 동북·동남아시아로 떠나요!

- **5권 서남·중앙아시아**

  독특한 자연과 문화가 있는 서남·중앙아시아로 떠나요!

- **6권 아프리카**

  놀라운 자연이 살아 숨 쉬는 아프리카로 떠나요!

- **7권 오세아니아**

  세계에서 가장 작은 대륙인 오세아니아로 떠나요!

- **8권 극지방과 바다**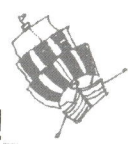

  신비한 극지방과 바다로 떠나요!